Ricettario Mediterraneo

Il Meglio Della Cucina Italiana Raccolta In Un Unico Ricettario; Ricette Semplici E Gourmet

Chef Paola

Maccheroni Rustici

ingredienti per 4 persone

350 g di maccheroni
2 cipolle
2 pomodori freschi
prezzemolo
1 mestolo di brodo
2 cucchiai di parmigiano
sale e pepe

Procedimento:

soffriggere la cipolla, sfumate con il brodo, poi unite i pomodori a cubetti aggiungere prezzemolo e formaggio lasciare cuocere fino ad ottenere un sugo liscio cuocere i maccheroni, scolarli e unirli al sugo servirli con una grattugiata di parmigiano e pepe appena macinato

Spaghetti al cartoccio

Ingredienti per 4 persone:

350 g di spaghetti
300 g di pomodori
basilico
1 spicchio d'aglio
succo di limone
capperi
sale e pepe

Procedimento:

cuocete gli spaghetti prestando attenzione a scolarli al dente, tenete 2-3 mestoli di acqua di cottura da parte. dopodichè, praticate delle piccole incisioni sulla buccia dei pomodori, immergeteli in acqua bollente per pochi minuti, e sbucciateli, tagliateli e metteteli a bagno nel succo di limone, aggiungete i capperi e fate cuocere a fuoco lento per una ventina di minuti. aggiungete l'aglio e il basilico tritati finemente e levate dal fuoco. mettete gli spaghetti con il condimento in una ciotola e mescolate, a parte preparate un foglio

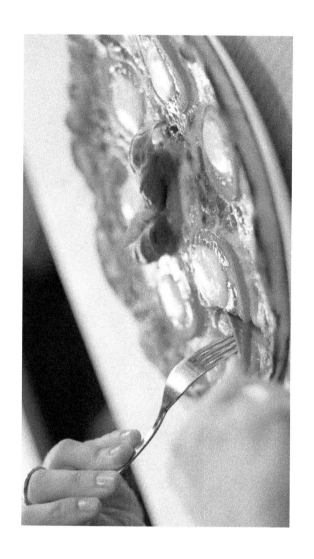

Rigatoni al Sugo di Melanzane

Ingredienti per 4 persone:

350 g di rigatoni 1 melanzana 200 g di pomodori pelati 1/2 cipolla 1 spicchio di aglio 1 ciuffo di prezzemolo 1 ciuffo di basilico 200 g di ricotta Sale

Procedimento:

fate una dadolata di melanzane e lasciatela sopra un canovaccio per farla asciugare completamente, in una pentola, create un fondo di aglio cipolla 2 cucchiai d'olio, quando la cipolla inizierà ad imbiondire, abbassate il fuoco e aggiungete la melanzana e cuocete per 30 minuti circa. A cottura ultimata incorporate al sugo il prezzemolo e il basilico ben lavati, privati dei gambi e tritati finemente. Fate cuocere i rigatoni in abbondante acqua salata, scolateli bene tenendo da parte due

Risotto di Magro con Curry

Ingredienti per 4 persone:

1 kg di crostacei Aglio cipolla e prezzemolo tritati
1/2 bicchiere di vino bianco salsa di pomodoro

Procedimento:

polare di un gros boss 3 migon reagan, jomon – pada do fate insaporire lago, la cipolla clase teli cuocere per pochi minuti mescolando bene. Bagnateli con il sito e quando 2 sto sarà evaporato, unite scorza delle gole e la salsa di pomodoro cita in poca acqua oppure i pomodori pelati. Coprite e lasciate cuocere ancora un momento, poi aggiungete le vongole e i gamberetti e togliete dal fuoco dopo qualche minuto. A parte fate cuocere il riso unendo il brodo poco alla volta e a 3/4 di cottura versatevi tutto il sugo preparato e il curry e spolverizzate con il parmigiano reggiano. Il curry è una miscela di spezie, sapientemente dosate e accuratamente pestate, che comprende chiodi di garofano, noce moscata, macis, semi di comino, pepe, cardamomo, cinnamomo e zafferano.

Sogliole al limone

Ingredienti per 4 persone:

400g di filetti di sogliola 2 limoni prosciutto crudo acciughe 2 dl di latte sale e pepe

Procedimento:

Private i limoni della buccia, avendo cura di eliminare anche la parte bianca, affettati e levate anche i semi eventuali. Sul fondo di una pirofila da forno adagiate le fette di limone, quindi i filetti d'acciuga spezzettati, le fette di prosciutto crudo e per ultimi i filetti di sogliola. Insaporite tutto con sale e pepe e passate in forno caldo a 240 °C per 10 minuti circa. Trascorso questo tempo bagnate tutto con il latte e tenete in forno per altri 25 minuti. Levate dal forno, sistemate i filetti di sogliola su un piatto di portata, frullate il fondo di cottura e versate la salsa ottenuta sopra il pesce. Servite ben caldo.

Arrosto di Vitello a modo Mio

Ingredienti per 4 persone:

15 gr di pinoli
4 olive verdi denocciolate
60 gr di burro o margarina
600 gr di polpa di vitello
di olive nere
un mestolo di brodo
sale e pepe

Procedimento:

prendete 10 g di burro o margarina fate
imbiondire i pinoli poi pestati nel mortaio o con
il pestacarne insieme a 4 olive verdi snocciolate.
In 50 gr di burro fate dorare la polpa di vitello,
unitevi i pinoli e le olive pestate, le olive intere e
il mestolo di acqua. Se il sugo riuscisse troppo,
togliete la carne e fatelo restringere a fuoco vivo.
Servite la carne a fette ricoperte di sugo e con le
olive intere. Accompagnate l'arrosto con spinaci
al burro o altra verdura a piacere.

Scaloppa alla Valdostana

Ingredienti per 4 persone

400 gr di vitello a fette
150 gr di fontina
Latte
Pane in cassetta
60 gr di margarina

Procedimento:

Battete bene le fettine di carne, eliminate le pellicine, incidete i bordi e passatele nella farina. In margarina imbiondita, fatele dorare dai due lati, salatele e pepatele. Sopra ad ogni fetta appoggiate su una di fontina, poi spruzzate tutto il latte, coprite il tegame e tenetelo al caldo. Fate imbiondire le fette di pane a cassetta nella margarina rimasta, disponetele sul piatto da portata, appoggiatevi le fette di carne e versatevi il sugo di cottura. Servite subito

Vitello in Gelatina

Ingredienti per 4 persone:

400 gr di polpa di vitello a fettine 80 gr di lonza di maiale 80 gr di prosciutto crudo mezzo spicchio di aglio 50 gr di mollica di pane latte 1 tuorlo d'uovo scorza di limone salvia parmigiano grattugiato noce moscata 80 gr di burro farina dado 1 litro di gelatina sale e pepe

Procedimento:

Sulle fettine di carne battute e larghe circa 12x6 cm, spalmate con la lama d'un coltello il seguente ripieno: passate 2 volte nel tritacarne la lonza, il prosciutto, l'aglio e la mollica di pane bagnata nel latte e strizzata; mescolate il tuorlo d'uovo e la scorza di limone, il parmigiano, sale, pepe, noce moscata e amalgamate tutto bene. Arrotolate le fette di carne così preparate, unite a due a due con una foglia di salvia in mezzo e infilatele su due stuzzicadenti. Fate attenzione che i messicani siano ben chiusi. In un tegame fate sciogliere il burro, aggiungetevi i messicani leggermente infarinati e lasciateli ben dorare da tutte le parti. Versatevi un po' di brodo, coprite e lasciate cuocere lentamente per circa 3/4 d'ora finchè il sugo si sarà ben ristretto. Toglieteli,appoggiati su una carta assorbente e lasciateli raffreddare completamente. Disponetevi in un piatto fondo e copriteli con la gelatina tiepida ma liquida. Tenete il piatto in frigorifero per qualche ora prima di servire.

Vitello e Fagiolini in Insalata

Ingredienti per 4 persone:

300 gr di fagiolini 1 peperone 500 gr di carne di vitello carota gambo di sedano 1/2 cipolla sale

Procedimento:

Mettete il pezzo di carne in una casseruola con la carota, il sedano, la cipolla, un poco di sale e l'acqua; lasciate cuocere tutto per circa 2 ore, quindi scolate il pezzo di carne e nel brodo fate cuocere i fagiolini per 25 minuti circa dall'inizio dell'ebollizione. Scolate anche questi con un mestolo forato e metteteli in una terrina con la carne tagliata a dadini. Sulla fiamma direttamente fate abbrustolire il peperone, privarlo della pelle bruciata e tagliatelo a listarelle. Aggiungetelo agli altri ingredienti, girate bene il tutto e condite con della salsa verde ammorbidita e lavorata insieme a 2 cucchiai di brodo di cottura della carne.

Involtini Trevisani

Ingredienti per 4 persone:

300g di fesa di vitello trevisana 50 gr di margarina 4 fette di formaggio 1/2 bicchiere di vino bianco farina salvia sale e pepe

Procedimento:

Lavate la trevisana, tagliatela in quattro in senso verticale e rosolate i ciuffetti ottenuti in una padella con 25 gr di margarina ed un pizzico di sale. Sopra a ogni fetta di vitello adagiate una fetta di formaggio ed un ciuffo di trevisana. Arrotolate gli involtini, legateli con un filo e passateli nella farina In una padella sciogliete la margarina rimasta, unite le foglie di salvia e gli involtini, lasciateli insaporire per qualche attimo, conditeli con sale e pepe e irrorate tutto con il vino bianco. Ricoperchiate e lasciate cuocere a fuoco basso per 20 minuti circa diluendo se necessario con un poco di brodo.

Scaloppa Farcita

Ingredienti per 4 persone:

600 g di vitello 60 g di prosciutto 200 g di carne di maiale tritata erbe aromatiche scalogno cognac 4 uova Burro sale e pepe

Procedimento:

Fate preparare dal macellaio di fiducia una bella fetta di vitello, battendola bene a mezzo centimetro di spessore. Preparate con le erbe aromatiche, le uova, pepe, , una bella frittata e stenderla sulla scaloppa. Copritela con le fettine di prosciutto. Impastate la carne di maiale con lo scalogno o con l'aglio tritato, il cognac, sale e pepe e posate il tutto al centro della scaloppa, dando la forma di un salamino. Arrotolate il tutto su se stesso, cucite con un grosso filo bianco e procedete ad arrostire in pentola condendo con un poco di sale e pepe e spruzzando con un po' di brodo se occorre, o con poca acqua calda. Fate cuocere tutto per un'ora circa con il coperchio e servite la scaloppa a fette.

Vitello Piccante

Ingredienti per 4 persone:

400 gr di polpa di vitello 50 gr di burro 100 g di carciofini funghetti e cetriolini ½ bicchiere di vino bianco 1 litro di brodo sale e pepe

Procedimento:

In un tegame fate imbiondire il burro, mettete le fette di carne e lasciate cuocere per 15 minuti, per parte senza farle rosolare poi toglietele e disponetele in un piatto. Nel sugo rimasto nel tegame mettete il vino bianco, i carciofini, i funghetti e cetriolini tritati grossolanamente insieme. Lasciate cuocere per 2 o 3 minuti poi rimettete la carne. Salate, pepate e aggiungete un bicchiere di brodo, coprite e continuate lentamente la cottura per 20 minuti. Aggiungete ogni tanto del brodo se necessario e servite le fette con il loro sugo ristretto

Spezzatino di Vitello

Ingredienti per 4 persone:

50 gr di burro cipolla tritata 600 gr di spezzatino di vitello vino bianco 250 gr di pomodori pelati 400 gr di piselli sgranati farina sale e pepe noce moscata brodo di dado

Procedimento:

Nel burro fate imbiondire la cipollina, unite- vi gli spezzatini infarinati leggermente e lasciateli rosolare, poi conditeli con sale, pepe e noce moscata. Spruzzateli con del vino bianco secco e, quando questo sarà evaporato, aggiungetevi i pomodori pelati e qualche mestolo di brodo. Coprite e lasciate per circa mezz'ora, poi unitevi i piselli ed ultimate la cottura versando ancora del brodo se necessario. Se userete i piselli conservati, aggiungeteli poco prima della fine della cottura.

Cotolette alla Palermitana

Ingredienti per 4 persone:

400 gr di fesa di vitello 2 uova pangrattato 5 fette di formaggio prezzemolo 30 gr di farina 1/2 litro di latte 1/2 bicchiere di marsala 130 gr di margarina sale

Procedimento:

Con la farina, 30 gr di margarina, un pizzico di sale e il latte preparate una besciamella non troppo densa. Quindi incorporatevi un tuorlo d'uovo ed il prezzemolo tritato, appena è un poco intiepidita. Passate le fette di vitello prima nell'uovo e poi nel pangrattato e cuocetele come normali cotolette nella margarina rimasta. Adagiate le cotolette in una pirofila, insaporitele con un pizzico di sale, irroratele con il marsala, stendetevi sopra le fette di formaggio e coprite tutto con la besciamella. Passate in forno per 20 minuti circa e poi servite.

Orata all'italiana

Ingredienti per 4 persone

1 rata del peso di 1 kg 100 g di funghi coltivati 60 g di burro un bicchiere di vermut due cucchiai di panna liquida 30 g di parmigiano 20 g di pangrattato 20 g di farina mezza cipolla 1 spicchio d'aglio una foglia di alloro prezzemolo sale e pepe

Procedimento:

togliete la testa e la coda all'orata e dividetela in 4 mettete la testa e la coda insieme alla cipolla aglio e alloro il sale e il bicchiere d'acqua fatela cuocere per 30 minuti in una in una pentola a fuoco medio filtrate il tutto e tenetelo da parte accendete il fuoco sotto una padella e mettete il brodo di pesce che avete già filtrato e appoggiate le 4 fette di orata mettete il raggiungete il vermut un bicchiere d'acqua insaporito col sale mi lasciate 20 minuti a fuoco basso punto scolate quindi il pesce togliete la pelle togliete le lische e mettete in una pirofila adatta al forno fate sciogliere 30 g di burro di burro a parte aggiungete la farina mettiti in mezzo mestolo di brodo di cottura e portate il tutto a ebollizione girando di tanto in tanto aggiungete quindi la salsa con i funghi tritati il prezzemolo tritato e un po' di sale e pepe è un po' per volta aggiungete anche il brodo di pesce aggiungete quindi infornare spargete un velo di pangrattato sopra

Orata al forno

Ingredienti per 4 persone

1 orata da un chilo e due mezzo bicchiere d'olio due spicchi d'aglio mezzo cipolla 3 etti di pomodori un bicchiere e mezzo di vino bianco maggiorana e timo prezzemolo sale e pepe

Procedimento:

pulite preparate l'orata per essere cotta quindi eviscerate la togliete le squame pulite le branchie e crea praticate delle incisioni trasversali su tutto il ventre sia da una parte che dall'altra preparati poi una pirofila adatta al forno fate un fondo di olio aglio cipolla tritata aggiungete poi i pomodori lavati spellati e tagliati a pezzi aggiungete la maggiorana il timo aggiustate di sale e pepe e adagiateli sopra l'orata Unite il prezzemolo che è stato lavato e tritato finemente il bicchiere di vino e lasciate 30 minuti a forno caldo girando di tanto in tanto

Branzino al vino bianco

ingredienti per 4 persone

un branzino da 1 kg 50 grammi di burro 30 grammi di pangrattato un uovo sodo una cipolla fresca un bicchiere di vino bianco un prezzemolo alloro una testa d'aglio sale pepe e mezzo litro di brodo di pesce

Procedimento:

pulite accuratamente il branzino togliete le squame togliete le viscere togliete le pinne e lavatelo bene bene sotto l'acqua corrente fredda. Togliete gli anche La lisca centrale e quindi ricavatene due filetti uguali insaporito col sale e col pepe a parte mischiate il pangrattato con la cipolla fresca già tritata il burro il tuorlo di un dell'uovo il prezzemolo tritato e amalgamate bene con questo riempito il branzino disponete quindi il branzino in una pirofila bagnatelo con il vino bianco aggiungete il brodo che avete che avete ricavato facendo bollire mezza mezzo litro di acqua con le viscere e le lische del branzino stesso irrorate il branzino nella pirofila con il bus con il suo brodo è lasciato per 40 minuti in forno

Spigola al cartoccio

ingredienti per 4 persone

una spigola di un chilo e mezzo un limone 2 cucchiai di olio 200 g di funghi rosmarino aglio sale e pepe

Procedimento:

lavati eviscerate per bene la spigola sotto l'acqua corrente lasciatelo asciugare. Mettete a bagno i funghi secchi in una i nell' acqua per circa 40 minuti trascorso questo tempo scolateli e tagliateli finemente prendete della carta forno adagiate sopra la spigola insaporite con il succo di limone l'olio il prezzemolo a questo punto, chiudete la carta forno su se stessa creando appunto il cartoccio sistemate il pesce con tutto il suo liquido all'interno di una pirofila adatta al forno e lasciate cuocere per 35 minuti a 220 °

Branzino al sale

Ingredienti per 4 persone

un branzino da un chilo e due sale grosso circa un chilo e mezzo due o tre limoni foglie di rosmarino e prezzemolo

Procedimento:

Pulire il branzino toglietegli le interiora m'ha lasciato gli sia la testa che la coda metteteli in una pentola dai bordi alti circa 1 cm di sale grosso appoggiate sopra il branzino aggiungete quindi sia il prezzemolo che il rosmarino e copritelo con le fette con le fette di limone e poi aggiungete tutto il resto del sale grosso fino a coprire completamente il branzino mettetelo quindi in forno a 250 gradi per 30 minuti, servite con prezzemolo e a piacere con succo di limone

Purea di Spinaci

Ingredienti per 4 persone:

600 g di patate; 400 g di spinaci I mazzetto di crescione 60 g di burro; 4 cucchiaiate di parmigiano reggiano grattugiato 1/2 1 di latte 2 albumi 2 cucchiaiate di panna montata I noce di burro sale

Procedimento:

fate bollire le patate con la buccia, lavare accuratamente gli spinaci e metterli in una pentola e aggiungete una manciata di sale grado; fateli cucinare per 10 minuti a fuoco medio. Mettete gli spinaci nel mixer e aggiungete le foglie di crescione, ottenendo una densa poltiglia. Dopo aver sbucciato le patate passatele nello schiacciapatate. A fuoco lento ripassate il composto di spinaci per far evaporare tutta l'acqua e poi aggiungete il burro tagliato a pezzetti; aiutandovi con uno sbattitore elettrico, amalgamate poco per volta anche il passato di spinaci, aggiungete poco alla volta il latte caldo. Lasciate ben asciugare e gonfiare la purea che assumerà un bel colore verde chiaro; aggiungete il parmigiano reggiano grattugiato e, se necessario. Montate gli albumi a neve e aggiungeteli al composto; montate la panna, senza zuccherarla, e incorporatela mettete in forno per 15-20 minuti a 180 gradi Servite in tavola ben calda

Fegato al vino

Ingredienti per 4 persone:

- 600 g di fegato di vitello tagliato a fettine
- 2 grosse cipolle
- 100 g di pomodori pelati
- ½ bicchiere di vino bianco
- 1 dado
- un poco di farina
- sale e pepe.

Procedimento:

Fate un soffritto di cipolle tagliate a mezze lune
e dado (3-4 minuti)
aggiungete i pomodori, aggiustate di sale e pepe
e cuocete a fuoco medio per 20 minuti
infarinare il fegato e cucinarlo insieme ai
pomodori
aggiungete ½ bicchiere di vino bianco e fatelo
evaporare
servire il fegato ricoperto di cipolle e pomodori

Polpette di Carne

Tempo occorrente: 1 h
Ingredienti per 4 persone:

400 g di carne di manzo tritata 100 g di mollica di pane bagnata nel latte e strizzata 2 uova 2 cucchiai di parmigiano grattugiato 1 cucchiaio di prezzemolo tritato; 200 g di pomodori pelati 1 cucchiaio di pinoli 1 spicchio d'aglio 2 cucchiaini di zucchero 2 cucchiai di aceto 1/2 dado sale e pepe

Procedimento:

in una ciottola, inserite la carne la mollica del pane, il prezzemolo, le uova, il parmigiano grattugiato e un pizzico di sale e pepe con le mani create delle palline e passatele nel tuorlo sbattuto prima e poi nel pan grattato scaldate una padella antiaderente e inserite i pelati, dopo 20 minuti a fuoco medio, inserite le polpette, aggiungete a piacere, pinoli e aggiustate di sale e pepe coprite e lasciate cuocere tutto per 25 minuti circa. Togliete il coperchio, e alzate il fuoco per far evaporare il liquido

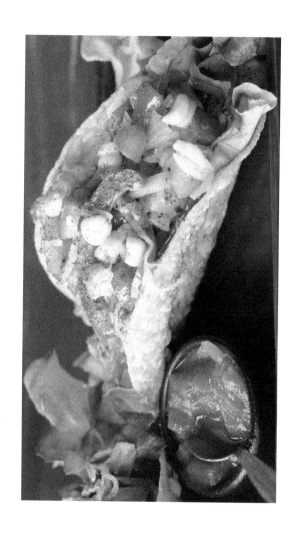

Cestino Di Pane Con Funghi

Tempo occorrente: 1 he 15'
Ingredienti per 4 persone:

1 forma di pane tondo non troppo grossa 800 g di champignon 40 g di funghi secchi 2 uova 1 ciuffo di prezzemolo 1 spicchio d'aglio 1 mestolo di brodo 1 dl di latte 30 g di parmigiano grattugiato sale e pepe il succo di 1/2 limone

Procedimento:

tagliare a ¼ dell'altezza del pane (partendo dall'alto) e scavate per rimuovere la mollica
in una bacinella, inserite i funghi secchi e lasciateli a mollo per almeno 20 minuti lavate e affettate gli champignon in senso longitudinale. Create un trito di aglio e funghi secchi e rosolateli in una pentola con un paio di mestoli di brodo. Inserite gli champignon il succo di limone e aggiustate di sale e pepe. Lasciate cuocere a fuoco basso per 30 minuti con coperchio. Sbattete a parte uova e grana latte e prezzemolo tritato. Create un composto lucido e liscio. Aggiungete i funghi e inserite il tutto nel cestino di pane mettete in forno a 200 gradi per 20 minuti.

Tortino di vitello e melanzane

Tempo occorrente: 1 he 30
Ingredienti per 4 persone:

3 melanzane 1/2 cipolla 1 gambo di sedano 1 carota 300 g di carne di vitello macinata 1 mestolo di brodo 200 g di pomodori pelati 200 g di mozzarella 1 cuffo di baslico 1/2 biochiere di vino parmigiano grattugiato quanto basta sale, pepe.

Procedimento:

Lavate e affettate le melanzane con uno spessore di 1cm creando delle rondelle di melanzane; lasciatele scolare su un canovaccio per almeno 15 minuti. Grigliare le melanzane usando una bistecchiera rigata molto calda. (senza olio o burro)
tritare cipolla sedano e carote soffriggete a fuoco medio per 3-4 minuti. Fateci rosolare la carne e i pelati. Lascare cuocere a fuoco basso per 1ora.
Foderate uno stampo con le fette di melanzane grigliate. Riempite con la carne aggiungendo la mozzarella e qualche spezia. Mettete un velo di grana. 10-15 minuti in forno ventilato a 200 gradi servite fumante

Vitello al Prezzemolato

Tempo occorrente: 1 h e 30'
Ingredienti per 4 persone:

800 g di fesa di vitello in un pezzo solo 1 ciuffo di
prezzemolo il succo di 2 limoni 1 cucchiaino di farina 2
mestoli di brodo la scorza di 1/2 limone grattugiata
qualche foglia di salvia 1 spicchio d'aglio sale; pepe appena
macinato

Procedimento:

tritate aglio salvia aggiungete sale e pepe e
appoggiate le fette di carne da entrambi i lati (il
trito deve rimanere attaccato alle fette dio carne)
rosolate le fette di carne a guoco medio, quando
inizierà a colorarsi, aggiungete il succo di limone
e un mestolo di brodo e lasciate cuocere a fuoco
tenue per 20 minuti
mettere la carne su un tagliere e tagliatela a fettine
disponetele sul piatto di portate aggiungendo il
prezzemolo e la scorza di un limone
tirate una slasa con il fondo rimasto nella pentola,
quando sarà abbastanza ristretta versarla sulla
carne e servite

Hamburger in Umido

Tempo occorrente: 45'
Ingredienti per 4 persone:

4 hamburger abbastanza spessi 1 carota 2 cipolle 1 gambo di sedano 1/2 bicchiere di vino rosso 400 g di pomodori pelati 1 pizzico di paprika dolce 1 mestolo di brodo Sale farina qb

Procedimento:

tagliate a pezzettoni sedano cipolle e carote, soffriggete il tutto per qualche minuto poi aggiungete un mestolo di brodo. Lasciate evaporare il brodo e aggiungete i pelati cuocete a fuoco medio per 25 minuti. Create gli hamburger e passateli nella farina bianca 00 sistemateli quindi in una padella calda aggiustate di sale e pepe, girateli e lasciateli cuocere 3 minuti per lato, quindi aggiungere il pomodoro, abbassate il fuoco e lasciateli per 15 minuti servite in tavola

Zucchine ripiene in guazzetto

Ingredienti per 4 persone:

4 zucchine piuttosto grosse e di forma regolare 100 g di prosciutto cotto 1 uovo 2 cucchiai di parmigiano reggiano grattugiato 1/2 cipolla 1 ciuffo di prezzemolo pangrattato quanto basta 400 g di pomodori pelati sale e pepe

Procedimento:

Pulite le zucchine, lavatele, eliminate la cima e il fondo e tagliatele a metà in modo da ottenere 8 pezzi lunghi uguali. Fatele lessare in poca acqua salata; scolatele e svuotatele servendovi di uno scavino. Mettete la polpa delle zucchine in una terrina con l'uovo, il parmigiano reggiano grattugiato, un poco di sale e pepe, il prosciutto cotto tritato e tanto pangrattato quanto basta per amalgamare il tutto. Farcite con il composto ottenuto le zucchine. In una casseruola mettete la cipolla e il prezzemolo tritati finemente, unite i pomo-dori sminuzzati e ponete tutto sul fuoco Regolate di sale e pepe e dopo 15 minuti adagiate nella casseruola le zucchine. La sciatele cuocere per altri 10 minuti e serdite caldo o tiepido secondo il vostro gusto

Tartine ai piselli

Tempo occorrente: 30'
Ingredienti per 4 persone:

8 panini al latte 1 uovo40 g di Emmental 100 g di piselli
in scatola 1/2 cipolla 50 g di prosciutto cotto 3 cucchiai
di latte sale

Procedimento:

tagliate il cappello del panino al latte e scavatelo
soffriggete in una pentola della cipolla tritata
finemente, appena diventa bionda, aggiungere il
latte con i piselli il prosciutto cotto a pezzi
Insaporite con un pizzico di sale e lasciate
cuocere a fuoco basso per circa 20 minuti. A
parte montate l'albume a neve, e unite il grana al
tuorlo unite i piselli e il prosciutto al tuorlo, una
volta mescolato bene unite anche l'albume senza
smontarlo inserire il tutto all'interno dei panini al
latte e mettete in forno per 15minuti a 200 gradi

Sogliole al limone

Tempo occorrente: 30'
Ingredienti per 4 persone:

4 sogliole 6 cucchiaiate di brodo di carne 2 cucchiai di
aceto succo di 1 limone 2 cucchiai di vino bianco 2
chiodi di garofano 2 foglie di alloro 1 cipolla Sale pepe

Procedimento:

eliminate la testa la coda dalle sogliole tritate aglio
cipolla succo di limone e 1 mestolo di brodo
l'aceto e il vino; frullate il tutto tenete da parte 1
bicchiere del composto, il restante mettetelo in
una pirofila da forno e adagiatevi il pesce,
aggiustate di sale e pepe. Dopo 10 minuti di
cottura, aggiungete il restante liquido dopo altri
10 minuti accendete una padella, e finite la
cottura delle sogliole, la padella conferirà un bel
colore dorato al pesce servite ben caldo

Tortino di ricotta e spinaci

Tempo occorrente: 1 h
Ingredienti per 4 persone:

- 400 g di spinaci surgelati
- 200 g di ricotta
- 2 uova intere
- 1 albume
- 40g di parmigiano reggiano
- 1 pizzico di noce moscata
- sale
- pepe

Procedimento:

tritate gli spinaci e unite la ricotta, insaporite con noce moscata grattuggiata, sale e pepe, aggiungete inoltre i tuorli delle uova e il grana, rendete il composto liscio ed omogeneo a parte montate gli albumi a neve e incorporateli facendo attenzione a non smontarli mettete tutto in una pirofila e cuocete a 200 gradi per 45 minuti quando il torino sarà bello gonfio e dorato, servite ben caldo

Polenta Ai Frutti Di Mare

Ingredienti per 4 persone:

8 fette di polenta 300 g di gamberetti 300 g di cozze 300
g di moscardini 1/2 cipolla 1 spicchio d'aglio 3 cucchiai
di vino bianco secco 1 punta di peperoncino 1 ciuffo di
basilico 2 cucchiai di brodo 3 pomodori ben maturi 1
ciuffo di prezzemolo sale

Procedimento:

abbrustolire la polenta fatta a fettine su una
bistecchiera rigata tritate prezzemolo aglio
inseriteli in una pentola con 2 dita d'acqua,
aggiungete le cozze e i gamberi, coprite e
accendete il fuoco. Dopo poco le cozze saranno
aperte sgusciate le cozze e i gamberi. Fate un
soffritto di cipolle e aglio, aggiungete quindi i
moscardini puliti, aggiungere un bichiere di vino
bianco, aggiungere una dadolata di pomodori e
lasciare cuocere per 30 minuti a fuoco medio
aggiungere quindi cozze e gamberi prezzemolo
limone e basilico disponete i crostacei sulla
polenta e irrorate con il brodo

Corona di riso ai piselli

Tempo occorrente: 40
Ingredienti per 4 persone:

350 g di riso 1 kg di piselli freschi 1 cipolla 80 g di prosciutto crudo sgrassato 1 ciuffo di prezzemolo 1litro e 1/2 di brodo 3 cucchiai di parmigiano reggiano grattugiato Sale pepe

Procedimento:

Fate un soffritto di cipolle tagliate fine, disponetela in due pentole differenti aggiungete un mestolo di brodo in entrambe le pentole e fate cuocere inserite in una delle due pentole il prosciutto tagliato a pezzi con i piselli e fate cuocere per 40 minuti nella seconda pentola, inserite il riso e cucinatelo per 15 minuti aggiungendo il brodo qualora servisse a fine cottura portate il riso nella prima pentola, mescolate dolcemente e lasciate riposare 5 minuti servite con l'aggiunta di prezzemolo

Piselli brasati

Tempo occorrente: 40
Ingredienti per 4 persone:

> 1 kg di piselli freschi
> qualche foglia di lattuga
> 100 g di cipolline novelle
> 50 g di prosciutto
> 2 mestoli di brodo
> pepe

Procedimento:

Sgranate i piselli, affettate le cipolline e tagliate a striscioline la lattuga e il prosciutto. Mettete tutto insieme in una casseruola antiaderente e fate rosolare leggermente su fuoco vivace girando in continuazione con un cucchiaio di legno. Quindi bagnate con il brodo, abbassate la fiamma, incoperchiate e lasciate cuoce- re il tutto per 30 minuti circa girando di tanto in tanto. A cottura ultimata fate n- durre il sugo, se necessario; regolate di pepe secondo il vostro gusto, levate dal fuoco e servite subito.

Trota Marinata

Tempo occorrente: 20' minuti
Ingredienti per 4 persone:

trote piccole pronte per la cottura 1 bicchiere di vino rosso 1/2 cipolla 1 spicchio d'aglio 1 rametto di maggiorana 1 ciuffo di prezzemolo succo di limone farina quanto basta sale e pepe alcune fettine di limone qualche ciuffo di prezzemolo

Procedimento:

Fate un trito di cipolle tagliate a mezze lune e aglio prezzemolo e mettetelo sul fondo di una teglia con i bordi alti. Adagiate sul trito il pesce, e riempite la teglia con succo di limone (le trote devono essere immerse completamente) lasciate riposare per 24 ore con l'aiuto di un colino filtrate la marinata e passate in una padella gia calda le trote, aggiungete la marinata filtrate e cucinate per 10 minuti a fuoco alto servite con prezzemolo e limone

Goulasch di coniglio

Tempo occorrente: 1 he 30
Ingredienti per 4 persone:

I coniglio di kg 1,200 80 g di prosciutto crudo 1 cipolla
1 cucchiaiata di farina 1 spicchio d'aglio 1/4 di I di vino
rosso 2 mestoli di brodo 1 cucchiaio di paprika 2cl di
panna acida sale

Procedimento:

tagliate il conisglio a pezzettoni. Fate un bel
soffritto di cipolla rossa prosciutto a dadini (se
dovesse risultare troppo scecco, aggiungete 1
mestolo di brodo) infarinate e inserite nella
pentola il pezzettoni di conoglio. Aggiungete
tutte le spezie che volete, senza esagerare,
aggiustate di sale e pepe, aggiungete anche la
paprika dolce lasciate 30/40 minuri a fuoco
moderato con coperchio a questo punto
aggiungete la panna acida e lasciate cuoere ancora
5 minuti servite il coniglio con abbondante salsa
di cottura

Tagliatelle Con Ricotta

Tempo occorrente: 20
Ingredienti per 4 persone:

- 350 g di tagliatelle
- 200 g di ricotta romana
- 1 ciuffo di prezzemolo
- 1 pizzico di maggiorana
- 2 cucchiai di parmigiano reggiano grattugiato
- 40 g di gherigli di noce
- sale e pepe

Procedimento:

tritate il prezzemolo e mettetelo in una ciotola con noci rotte a mano ricotta parmigiano mescolate tutto fino ad ottenere un bel composto omogeneo portate a ebollizione una pentola d'acqua e aggiungete la pasta, quando è cotta scolatela conservando un bicchiere di acqua di cottura aggiungete l'acqua di cottura al composto e inseriteci anche la pasta servite subito

Funghi con patate al forno

Ingredienti per 4 persone:

4 patate; 400 g di funghi freschi; 1 ciuffo di prezzemolo; 1 spicchio d'aglio; parmigiano reggiano grattugiato quanto basta; 2 bicchieri di latte; sale; pepe.

Procedimento:

Fate lessare le patate in acqua bollente per 45 minuti circa, quindi sgocciolatele, lasciatele intiepidire, sbucciatele e tagliatele a fettine. Nel frattempo pulite bene i funghi con un coltellino e una pezzuola bagnata e affettateli sottilmente. Quindi tritate finemente lo spicchio d'aglio e il prezzemolo dopo averlo lavato con cura e privato dei gambi. In una pirofila che possa andare in forno adagiate uno strato di patate a fettine, insaporitelo con sale e pepe appena macinato e cospargetelo con un poco di trito preparato e parmigiano reggiano grattugiato. Formate poi uno strato di funghi e conditelo come il precedente.

Ripetete gli strati descritti sino a esaurimento degli ingredienti, irrorate tutto con il latte e passate in forno caldo a 200 °C per 30 minuti circa. Servite questa preparazione ben calda.

Pollo alla creta

Ingredienti per 4 persone

1 pollo 1/2 limone 2 fogli di carta vegetale creta dura sale e pepe

Procedimento:

Bruciacchiate il pollo spennato, pulitele, lavatelo e asciugatelo bene. Appoggiatelo su un foglio grande di carta vegetale o per gamenata. Nell'interno del pollo mettete sale, pepe e mesmo limone. Salatelo e pepa telo anche esternamente Avvolgete il pollo nella carta, chiudetelo bene ai lati poi avvolgete il pacchetto nel secondo foglio di carta. Sulla lastra del forno o in una tortiera quadrata mettete uno strato di creta alto circa tre centimetri, appoggiatevi il pacchetto contenente il pollo e coprite questo da ogni lato con un altro strato di creta alto tre centimetri. Mettete la preparazione in forno caldo (circa 200 °C) per 2 ore; al momento di servire, accomodate il blocco di creta su un tagliere o piatto di metallo e spaccatelo con un martello. Togliete la carta, mettete il pollo su un piatto e servite.

Vitello Messicani In Gelatina

Ingredienti per 4 persone:

400 gr di polpa di vitello a fettine 80 gr di lonza di maiale 80 gr di prosciutto crudo mezzo spicchio di aglio (a piacere) 50 gr di mollica di pane - Latte un tuorlo d'uovo scorza di limone grattugiata foglie di erba salvia un cucchiaio e 1/2 di parmigiano grattugiato noce moscata - 80 gr di burro farina - un pezzo di dado per un litro di gelatina sale e pepe

Procedimento:

Sulle fettine di carne battute e larghe circa 12x6 cm, spalmate con la lama di un coltello il seguente ripieno: passate 2 volte nel trita carne la lonza, il prosciutto, l'aglio e la mollica di pane bagnata nel latte e strizzata; mescolatevi il tuorlo d'uovo e la scorza di limone, il parmigiano, sale, pepe, noce moscata e amalgamate tutto bene. Arrotolate le fette di carne così preparate, unite a due a due con una foglia di salvia in mezzo e infilatele su due stuzzicadenti. Fate attenzione che i messicani siano ben chiusi. In un tegame fate sciogliere il burro, aggiungetevi i messicani leggermente infarinati e lasciateli ben dorare da tutte le parti. Versatevi un po' di brodo, coprite e lasciate cuocere lentamente per circa 3/4 d'ora finché il sugo si sarà ben ristretto. Toglieteli, appoggiateli su una carta assorbente e lasciateli raffreddare completamente. Disponeteli in un piatto fondo e copriteli con la gelatina tiepida ma liquida. Tenete il piatto in frigorifero per qualche ora prima di servire

Petti di pollo estivi

Tempo occorrente: 25
Ingredienti per 4 persone:

- 4 petti di pollo
- 1 peperone verde
- 1 pomodoro
- 2 acciughe sotto sale
- 1 mestolo di brodo
- sale

Procedimento:

abbrustolite su una bistecchiera il peperone e tagliatelo a striscioline, tagliate a pezzettini anche il pomodoro conditelo e lasciatelo riposare scaldate una padella antiaderente, quando è rovente, mettete i vostri petti di pollo, agitateli e cucinateli bene per pochi istanti, abbassate il fuoco e aggiungete sula carne il brodo lasciate cuocere per 10 minuti servite il tutto ben caldo accompagnate con l'insalatina di pomodoro e peperoni grigliati

Lightning Source UK Ltd.
Milton Keynes UK
UKHW020632140521
383717UK00011B/565